De la réception de « l'origine des espèces »

Thomas Henry Huxley

Writat

Cette édition parue en 2023

ISBN : 9789359251004

Publié par
Writat
email : info@writat.com

SUR LA RÉCEPTION DE
« L'ORIGINE DES ESPÈCES ».

Pour la génération actuelle, c'est-à-dire les gens qui se situent à quelques années d'âge moyen, le nom de Charles Darwin côtoie ceux d'Isaac Newton et de Michael Faraday ; et, comme eux, évoque le grand idéal du chercheur de vérité et de l'interprète de la nature. Ils considèrent celui qui l'a porté comme une rare combinaison de génie, d'industrie et de véracité inébranlable, qui a gagné sa place parmi les hommes les plus célèbres de son époque grâce à sa seule puissance native, malgré une tempête de préjugés populaires et sans être encouragé par les préjugés populaires . un signe de faveur ou d'appréciation des fontaines d' honneur officielles ; comme quelqu'un qui, malgré une sensibilité aiguë aux louanges et aux reproches, et malgré les provocations qui auraient pu excuser toute épidémie, s'est tenu à l'écart de toute envie, haine et méchanceté, ni n'a traité autrement, plutôt que équitablement et justement, l'injustice et l'injustice. qui lui a été inondé; tandis que, jusqu'à la fin de ses jours, il était prêt à écouter avec patience et respect le plus insignifiant des objets raisonnables.

Et en ce qui concerne cette théorie de l'origine des formes de vie peuplant notre globe, à laquelle le nom de Darwin est aussi étroitement lié que celui de Newton à la théorie de la gravité, rien ne semble plus éloigné de l'esprit de la génération actuelle que toute tentative de l'étouffer par le ridicule ou de l'écraser par la véhémence de la dénonciation. « La lutte pour l'existence » et « la sélection naturelle » sont devenus des mots familiers et des conceptions quotidiennes. La réalité et l'importance des processus naturels sur lesquels Darwin fondait ses déductions ne sont pas plus mises en doute que celles de la croissance et de la multiplication ; et, que la pleine puissance qui leur est attribuée soit admise ou non, personne ne doute de leur signification vaste et de grande portée. Partout où les sciences biologiques sont étudiées, « l'Origine des espèces » éclaire les chemins du chercheur ; partout où ils sont enseignés, cela imprègne le cours de l'enseignement. L'influence des idées darwiniennes n'a pas non plus été moins profonde, au-delà du domaine de la biologie. La plus ancienne de toutes les philosophies, celle de l'évolution, a été pieds et poings liés et plongée dans l'obscurité totale au cours du millénaire de la scolastique théologique. Mais Darwin a insufflé une nouvelle force vitale au cadre ancien ; les liens ont éclaté, et la pensée revivifiée de la Grèce antique s'est révélée être une expression plus adéquate de l'ordre universel des choses qu'aucun des projets qui ont été acceptés par la crédibilité et accueillis par la superstition des soixante-dix générations d'hommes ultérieures.

Pour quiconque étudie les signes des temps, l'émergence de la philosophie de l'évolution, dans l'attitude de prétendant au trône du monde de la pensée, des limbes des choses détestées et, comme beaucoup l'espéraient, oubliées, est le plus événement marquant du XIXe siècle. Mais les armes les plus efficaces des champions modernes de l'évolution ont été fabriquées par Darwin ; et « l'Origine des espèces » a enrôlé un corps formidable de combattants, formés à la sévère école des sciences physiques, dont les oreilles auraient pu rester longtemps sourdes aux spéculations des philosophes a priori.

Je ne pense pas qu'aucun candidat ou personne chargée de nier la véracité de ce qui vient d'être affirmé. Il peut détester le nom même de l'Évolution et nier ses prétentions avec autant de véhémence qu'un Jacobite nie celles de George II. Mais la voilà – non seulement aussi solidement assise que la dynastie hanovrienne, mais heureusement indépendante de l'approbation parlementaire – et les antagonistes les plus ennuyeux en sont venus à comprendre qu'ils ont affaire à un adversaire dont les os ne doivent être brisés par aucune quantité de gros mots . .

Même les théologiens ont presque cessé d'opposer le sens ordinaire de la Genèse au sens non moins évident de la Nature. Leurs représentants, plus francs ou plus prudents, ont renoncé à traiter l'évolution comme s'il s'agissait d'une hérésie maudite et se sont réfugiés dans l'une ou l'autre voie. Soit ils nient que la Genèse était censée enseigner la vérité scientifique, et sauvent ainsi la véracité du récit aux dépens de son autorité ; ou bien ils dépensent leurs énergies à inventer les cruelles ingéniosités du conciliateur et à torturer les textes dans le vain espoir de leur faire avouer le credo de la Science. Mais quand la peine forte et dure est passée, l'antique sincérité du vénérable malade reprend toujours le dessus. La Genèse est honnête dans l'âme et prétend n'être rien de plus qu'elle ne l'est, un dépositaire de traditions vénérables d'origine inconnue, ne revendiquant aucune autorité scientifique et n'en possédant aucune.

Alors que ma plume termine ces passages, je ne peux qu'être amusé à l'idée du terrible brouhaha qui aurait été fait (en vérité il y a eu) à propos d'expressions d'opinion similaires il y a un quart de siècle. En fait, le contraste entre l'état actuel de l'opinion publique sur la question darwinienne ; entre l'appréciation dans laquelle les vues de Darwin sont aujourd'hui considérées dans le monde scientifique ; entre l'acquiescement, ou du moins la quiétude, des théologiens de l'ordre qui se respecte d'aujourd'hui et l'explosion d'antagonisme de tous côtés en 1858-1859, lorsque la nouvelle théorie concernant l'origine des espèces fut pour la première fois connue des anciens. La génération à laquelle j'appartiens est tellement naissante que, sauf preuve documentaire, je serais parfois enclin à croire que mes souvenirs sont des rêves. J'ai moi-même un grand respect pour la jeune génération (ils peuvent écrire nos vies et raconter toutes nos folies, s'ils choisissent de s'en donner la peine, peu à peu), et je serais heureux d'être assuré que ce sentiment est réciproque. ; mais je crains que l'histoire de nos relations avec Darwin ne soit un grand obstacle à cette vénération pour notre sagesse que je voudrais qu'ils manifestent. Nous n'avons même pas l'excuse qu'il y a trente ans, M. Darwin était un obscur novice qui n'avait aucun droit à notre attention. Au contraire, ses remarquables recherches zoologiques et géologiques lui avaient depuis longtemps assuré une place assurée parmi les chercheurs les plus éminents et les plus originaux de l'époque ; tandis que son charmant « Voyage d'un naturaliste » venait de lui valoir une large réputation auprès du grand public. Je doute qu'il y ait quelqu'un d'alors vivant qui ait un meilleur droit d'attendre que tout ce qu'il pourrait choisir de dire sur une question telle que l'origine des espèces soit écouté avec une profonde attention et discuté avec respect ; et il n'y avait certainement aucun homme dont le caractère personnel n'aurait dû offrir une meilleure garantie contre les attaques, empreintes de malignité et épicées d'impertinences éhontées.

Pourtant telle était la part de l'un des hommes les plus gentils et les plus vrais que j'ai jamais eu la chance de connaître ; et des années ont dû s'écouler avant que les fausses déclarations, le ridicule et la dénonciation cessent d'être les éléments les plus notables de la majorité des innombrables critiques de son travail qui affluaient de la presse. Je répugne à tirer de leur oubli bien mérité aucun de ces anciens scandales ; mais je dois faire une déclaration qui peut paraître exagérée à la génération actuelle, et il n'y a pas de pièce justificative plus appropriée à cet objectif, ni plus digne d'un tel déshonneur , que l'article de la « Quarterly Review » de juillet 1860. (" Je ne savais pas, lorsque j'écrivais ces passages, que la paternité de l'article avait été publiquement reconnue. La confession non accompagnée de pénitence, cependant, n'offre aucune raison d'atténuer le jugement ; et la gentillesse avec laquelle M. Darwin parle de son agresseur, l'évêque Wilberforce. (vol. ii.), est un exemple si frappant de sa douceur et de sa modestie singulières, qu'il augmente plutôt l'indignation contre la présomption de son critique.) Depuis que Lord Brougham a agressé le Dr. Jeune, le monde n'a pas vu un tel exemple de l'insolence d'un prétendant superficiel à une maîtrise en sciences que cette production remarquable, dans laquelle l'un des observateurs les plus précis, le plus prudent des raisonneurs et le plus franc des exposants, de ceci ou à tout autre âge, est méprisé comme une personne « volatile », qui finit par « étayer son tissu complètement pourri de suppositions et de spéculations », et dont la « façon de traiter avec la nature » est réprouvée comme « totalement déshonorante pour la science naturelle » . ". Et tous ces discours élevés et puissants, qui auraient été indécents de la part d'un des égaux de M. Darwin, viennent d'un écrivain dont le manque d'intelligence, ou de conscience, ou des deux, est si grand, que, en guise d'objection à Selon le point de vue de M. Darwin, il peut se demander : « Est-il crédible que toutes les variétés favorables de navets tendent à devenir des hommes ? qui est si ignorant de la paléontologie, qu'il peut parler des « fleurs et fruits » des plantes de l'époque carbonifère ; d'anatomie comparée, qu'il peut affirmer gravement que l'appareil venimeux des serpents venimeux est « entièrement séparé des lois ordinaires de la vie animale et particulier à eux-mêmes » ; des rudiments de la physiologie, qu'il peut demander : « quel avantage de la vie pourrait modifier la forme des corpuscules dans lesquels le sang peut s'évaporer ? Le critique ne manque pas non plus d' agrémenter cette effusion d'incapacité absurde d'un peu de stimulation de l'odium theologicum. Une certaine idée de l'histoire des conflits entre l'astronomie, la géologie et la théologie le conduit à garder une retraite ouverte à condition qu'il ne puisse pas « consentir à tester la vérité de la science naturelle par la parole de l'Apocalypse » ; mais, pour autant, il consacre des pages à l'exposition de sa conviction selon laquelle la théorie de M. Darwin « contredit la relation révélée de la création à son Créateur » et est « incompatible avec la plénitude de sa gloire ».

Si je limite ma rétrospection de la réception de « l'Origine des Espèces » à environ douze mois, ou à peu près, à partir du moment de sa publication, je ne me souviens pas de quelque chose d'aussi stupide et mal élevé que l'article de la « Quarterly Review », à moins que, peut-être , l'adresse d'un révérend professeur à la Dublin Geological Society pourrait entrer en concurrence avec elle. Mais une grande partie des critiques de M. Darwin présentaient une lamentable ressemblance avec le critique du « Quarterly », dans la mesure où ils manquaient soit de la volonté, soit de l'esprit nécessaire pour se rendre maîtres de sa doctrine ; presque personne ne possédait les connaissances requises pour le suivre à travers l'immense éventail des sciences biologiques et géologiques couvertes par « l'Origine » ; tandis que, trop souvent, ils avaient porté préjudice à l'affaire pour des raisons théologiques et, comme cela semble être inévitable lorsque cela se produit, ils ont atténué le manque de raison par un superflu de railleries.

Mais il sera plus agréable et plus profitable d'examiner les critiques qui ont été reconnues par des écrivains de grande autorité scientifique, ou qui témoignent intérieurement de la plus ou moins grande compétence et, souvent, de la bonne foi de leurs auteurs. En limitant mon étude à environ douze mois après la publication de "l'Origine", je trouve parmi ces critiques Louis Agassiz ("Les arguments présentés par Darwin en faveur d'une dérivation universelle d'une forme primaire de toutes les particularités existant actuellement parmi Les êtres vivants n'ont pas fait la moindre impression dans mon esprit. »

« Jusqu'à ce qu'il soit démontré que les faits de la nature ont été erronés par ceux qui les ont rassemblés et qu'ils ont une signification différente de celle qu'on leur attribue généralement maintenant, je considérerai donc la théorie de la transmutation comme une erreur scientifique, fausse dans ses faits. , non scientifique dans sa méthode et malicieuse dans sa tendance. Murray, un excellent entomologiste ; Harvey, botaniste de grande renommée ; et l'auteur d'un article dans « l'Edinburgh Review », tous fortement opposés à Darwin. Pictet , le paléontogiste distingué et largement érudit de Genève, traite M. Darwin avec un respect qui contraste avec le ton de certains des écrivains précédents, mais consent à ne l'accompagner que très peu. "Je ne vois aucune objection sérieuse à la formation de variétés par sélection naturelle dans le monde actuel, et que, en ce qui concerne les époques antérieures, cette loi peut être supposée expliquer l'origine d'espèces étroitement voisines, en supposant à cet effet une très longue période. »

"En ce qui concerne les variétés simples et les espèces étroitement apparentées, je crois que la théorie de M. Darwin peut expliquer beaucoup de choses et jeter une grande lumière sur de nombreuses questions." - "Sur l'Origine de l' Espece ". Par Charles Darwin. 'Archives de la Sc. de la bibliothèque Universelle de Genève », pages 242, 243, mars 1860.) D'autre part, Lyell, jusqu'alors pilier des anti-transmutationnistes (qui le considéra, par la suite, comme Pallas Athéna regardait Dian, après l'affaire Endymion), s'est déclaré darwinien, non sans émettre une sérieuse mise en garde. Néanmoins, il était une tour de force, et sa position courageuse en faveur de la vérité plutôt que de la cohérence lui faisait un honneur infini . En tant qu'évolutionniste, je ne pense pas plus parmi les biologistes qu'Asa Gray, qui a mené la bataille avec brio aux États-Unis ; Hooker, qui n'était pas moins vigoureux ici ; l'actuel Sir John Lubbock et moi-même. Wallace était loin dans l'archipel malais ; mais, mis à part sa part directe dans la promulgation de la théorie de la sélection naturelle, aucune énumération des influences à l'œuvre, à l'époque dont je parle, ne serait complète sans la mention de son puissant essai « Sur la loi qui a réglementé l'Introduction de nouvelles espèces », publié en 1855. En le relisant, j'ai été étonné de me rappeler à quel point l'impression qu'il avait produite était minime.

En France, l'influence d'Elie de Beaumont et de Flourens — dont le premier se serait « condamné à une gloire éternelle » en inventant le surnom de « la science moussante » pour l'évolutionnisme (on se souvient de l'effet d'un autre petit Épigramme académique. La théorie dite vertébrale du crâne aurait été étouffée dans l'œuf en France par le murmure d'un académicien à son voisin, que , dans ce cas, la tête était une « vertèbre ». pensante ."), sans parler de la mauvaise volonté d'autres membres puissants de l' Institut , produisit longtemps l'effet d'une conspiration du silence ; et bien des années s'écoulèrent avant que l'Académie ne se rachète du reproche que le nom de Darwin ne figurait pas sur la liste de ses membres. Cependant, un écrivain accompli, hors de portée des influences académiques, M. Laugel , a donné une excellente et appréciable note de « l'Origine » dans la « Revue des Deux Mondes » . .' L'Allemagne a mis du temps à réfléchir ; Bronn a produit une traduction légèrement Bowdlerisée de "l'Origine" ; et " Kladderadatsch " a coupé ses plaisanteries sur l'origine singe de l'homme ; mais je ne me souviens pas qu'une quelconque notabilité scientifique se soit déclarée publiquement en 1860. (Cependant, l'homme qui se situe aux côtés de Darwin dans son influence sur les biologistes modernes, KE von Baer, m'a écrit, en août 1860, pour exprimer son accord général avec les vues évolutionnistes. Enonce les mèmes idées... que M. Darwin" (tome ii.) ne signifie rien de plus que cela dans ses écrits ultérieurs.) Aucun de nous n'a imaginé qu'au cours de quelques années, la force (et peut-être Je puis ajouter que la faiblesse du « darwinisme » aurait ses illustrations les plus étendues et les plus brillantes dans le pays du savoir. Si un étranger peut oser spéculer sur la cause de ce curieux intervalle de silence, je crois que c'est qu'une moitié de les biologistes allemands étaient orthodoxes à tout prix, et les autres moitiés étaient nettement hétérodoxes. Ces derniers étaient déjà évolutionnistes, a priori, et ils ont dû ressentir le dégoût naturel des philosophes déductifs à l'idée de se voir offrir un fondement inductif et expérimental à une conviction qui ils étaient arrivés par un chemin plus court. Il s'agit sans aucun doute d'essayer d'apprendre que, même si vos conclusions peuvent être bonnes, vos raisons sont toutes fausses, ou, en tout cas, insuffisantes.

Dans l'ensemble donc, les partisans des vues de M. Darwin en 1860 étaient numériquement extrêmement insignifiants. Il ne fait aucun doute que si un concile général de l'Église scientifique avait eu lieu à cette époque, nous aurions été condamnés à une écrasante majorité. Et il ne fait aucun doute que, si un tel concile se réunissait maintenant, le décret serait d'une nature exactement contraire. Ce serait manquer de bon sens et de modestie que d'attribuer aux hommes de cette génération moins de capacité ou moins d'honnêteté que n'en possèdent leurs successeurs. Quelles sont donc les causes qui ont amené les hommes instruits et justes de cette époque à arriver à un jugement si différent de celui qui semble juste et équitable à ceux qui les suivent ? C'est vraiment l'une des questions les plus intéressantes de toutes celles liées à l'histoire des sciences, et je vais essayer d'y répondre. Je crains que, pour ce faire, je doive courir le risque de paraître égoïste. Cependant, si je raconte ma propre histoire , c'est uniquement parce que je la connais mieux que celle des autres.

Je pense que j'ai dû lire les « Vestiges » avant de quitter l'Angleterre en 1846 ; mais, si je l'ai fait, le livre m'a fait très peu d'impression, et je n'ai été mis en contact sérieux avec la question des « espèces » qu'après 1850. A cette époque, j'en avais depuis longtemps fini avec la cosmogonie du Pentateuque, qui avait été impressionnée par la question des espèces. sur ma compréhension enfantine comme vérité divine, avec toute l'autorité des parents et des instructeurs, et dont il m'avait fallu bien des luttes pour me libérer. Mais mon esprit était impartial à l'égard de toute doctrine qui se présentait, si elle prétendait être basée sur un raisonnement purement philosophique et scientifique. Il me semblait alors (comme aujourd'hui) que la « création », au sens ordinaire du mot, était parfaitement concevable. Je n'ai aucune difficulté à imaginer que, à une époque antérieure, cet univers n'existait pas ; et qu'il est apparu en six jours (ou instantanément, si l'on préfère), en conséquence de la volonté d'un être préexistant. À l'époque comme aujourd'hui, les soi-disant arguments a priori contre le théisme ; et, étant donné une Divinité, contre la possibilité d'actes créateurs, cela m'a semblé dépourvu de fondement raisonnable. Je n'avais pas alors, et je n'ai pas aujourd'hui, la moindre objection a priori à soulever au récit de la création d'animaux et de plantes donné dans le « Paradis perdu », dans lequel Milton incarne si vivement le sens naturel de la Genèse. Loin de moi l'idée de dire que c'est faux parce que c'est impossible. Je me limite à ce qui doit être considéré comme une demande modeste et raisonnable d'une particule de preuve que les espèces animales et végétales existantes sont effectivement originaires de cette manière, comme condition de ma croyance en une affirmation qui me semble hautement improbable. .

Et, pour être tout à fait juste, j'avais exactement la même réponse à donner aux évolutionnistes de 1851-1858. Dans les rangs des biologistes, à cette époque, je ne rencontrais personne, sauf le Dr. Grant, de l'University College, qui avait un mot à dire en faveur de l'évolution – et son plaidoyer n'était pas calculé pour faire avancer la cause. En dehors de ces rangs, la seule personne que je connaisse dont les connaissances et les capacités imposaient le respect et qui était, en même temps, un évolutionniste convaincu, était M. Herbert Spencer, dont j'ai fait la connaissance, je pense, en 1852, et puis je me liai dans les liens d'une amitié qui, je suis heureux de le penser, n'a connu aucune interruption. Les batailles que nous avons menées sur ce sujet ont été nombreuses et longues. Mais même les rares compétences dialectiques de mon ami et l'abondance d'illustrations pertinentes ne pouvaient pas me faire sortir de ma position agnostique. J'ai pris position pour deux raisons : premièrement, que jusqu'à cette époque, les preuves en faveur de la transmutation étaient totalement insuffisantes ; et deuxièmement, qu'aucune suggestion concernant les causes supposées de la transmutation, qui avait été faite, n'était en aucune façon adéquate pour expliquer les phénomènes. En regardant l'état des connaissances à l'époque, je ne vois vraiment pas qu'une autre conclusion soit justifiable.

À cette époque, je n'avais même jamais entendu parler de la « Biologie » de Treviranus . Pourtant, j'avais étudié Lamarck avec attention et j'avais lu les « Vestiges » avec le plus grand soin ; mais aucun d'eux ne m'a fourni de base valable pour changer mon attitude négative et critique. Quant aux « Vestiges », j'avoue que le livre m'a simplement irrité par l'ignorance prodigieuse et l'habitude d'esprit totalement non scientifique manifestée par l'écrivain. Si cela a eu une quelconque influence sur moi, cela m'a opposé à l'évolution ; et la seule critique pour laquelle j'ai jamais eu des scrupules de conscience, au motif d'une sauvagerie inutile, est celle que j'ai écrite sur les « Vestiges » alors que j'étais sous cette influence.

En ce qui concerne la « Philosophie Zoologique », il n'y a aucun reproche à Lamarck de dire que la discussion de la question des espèces dans cet ouvrage, quoi qu'on en dise en 1809, était lamentablement en dessous du niveau des connaissances d'un demi-siècle plus tard. . Dans cet intervalle de temps, l'élucidation de la structure des animaux et des plantes inférieurs avait donné naissance à des conceptions entièrement nouvelles de leurs relations ; l'histologie et l'embryologie, au sens moderne du terme, avaient été créées ; la physiologie était reconstituée ; les faits de répartition, géologiques et géographiques, avaient été prodigieusement multipliés et mis en ordre. Pour tout biologiste dont les études l'avaient amené au-delà du simple marchandage d'espèces en 1850, la moitié des arguments de Lamarck étaient obsolètes et l'autre moitié erronée, ou défectueuse, du fait de l'omission de traiter les différentes catégories de preuves qui avaient été présentées. lumière depuis son époque. De plus, sa seule suggestion quant à la cause de la modification graduelle des espèces – l'effort excité par le changement des conditions – était, à première vue, inapplicable à l'ensemble du monde végétal. Je ne pense pas qu'un juge impartial qui lit aujourd'hui la Philosophie Zoologique et qui reprend ensuite la critique tranchante et efficace de Lyell (publiée dès 1830) soit disposé à attribuer à Lamarck une place beaucoup plus élevée dans l'establishment. de l'évolution biologique que celle que Bacon s'attribue par rapport à la science physique en général : buccinator tantum. (Erasmus Darwin fut le premier à promulguer les conceptions fondamentales de Lamarck et, avec une plus grande cohérence logique, il les avait appliquées aux plantes. Mais les partisans de ses affirmations n'ont pas réussi à démontrer qu'il avait, à quelque égard que ce soit, anticipé l'idée centrale de « l'Origine ». des espèces.')

Mais, par une curieuse ironie du sort, la même influence qui m'a amené à accorder aussi peu de confiance aux spéculations modernes sur ce sujet qu'aux vénérables traditions rapportées dans les deux premiers chapitres de la Genèse, a été peut-être plus puissante que toute autre en gardant vivant une sorte de pieuse conviction que l'évolution, après tout, se révélerait vraie. J'ai récemment relu la première édition des « Principes de géologie » ; et quand je considère que ce livre remarquable est resté près de trente ans entre les mains de tout le monde, et qu'il fait comprendre à tout lecteur d'intelligence ordinaire un grand principe et un grand fait, le principe selon lequel le passé doit être expliqué par le présent, à moins que il doit être démontré qu'il y a des raisons valables du contraire ; et le fait que, dans la mesure où s'étend notre connaissance de l'histoire passée de la vie sur notre globe, aucune cause de ce genre ne peut être démontrée. (Le même principe et le même fait guident le résultat de toute enquête historique solide. L'Histoire de la Grèce de Grote » est un produit du même mouvement intellectuel que les « Principes » de Lyell.) — Je ne peux que croire que Lyell, pour d'autres comme pour moi, a été le principal agent qui a aplani la route de Darwin. Car l'uniformitarisme cohérent postule l'évolution autant dans le monde organique que dans le monde inorganique. L'origine d'une nouvelle espèce par des organismes autres que les organismes ordinaires serait une « catastrophe » bien plus grande que n'importe laquelle de celles que Lyell a réussi à éliminer à partir d'une spéculation géologique sobre.

En fait, personne n'en était mieux conscient que Lyell lui-même. (Lyell, à juste titre, revendique cette position pour lui-même. Il parle d'avoir "préconisé une loi de continuité même dans le monde organique, autant que possible sans adopter la théorie de Lamarck sur la transmutation"...

"Mais tandis que j'enseignais que chaque fois que certaines formes d'animaux et de plantes disparaissaient, pour des raisons qui nous sont tout à fait compréhensibles, d'autres prenaient leur place en vertu d'une causalité qui dépassait notre compréhension ; il restait à Darwin d'accumuler les preuves qu'il n'existe aucune rupture entre les espèces entrantes et sortantes, qu'elles sont l'œuvre de l'évolution, et non d'une création spéciale...

"J'avais certainement préparé le chemin dans ce pays, dans six éditions de mon ouvrage avant la parution des "Vestiges de la Création" en 1842 [1844], pour la réception de l'évolution graduelle et insensible des espèces de Darwin." - "Vie et Lettres", ' Lettre à Haeckel, tome II. page 436. 23 novembre 1868.) Si l'on lit attentivement l'une des éditions antérieures des « Principes » (surtout à la lumière de l'intéressante série de lettres récemment publiées par le biographe de Sir Charles Lyell), il est facile de voir que, Malgré toute son opposition énergique à Lamarck, d'une part, et au quasi-progressionnisme idéal d'Agassiz, de l'autre, Lyell, dans son propre esprit, était fortement enclin à rendre compte de l'origine de toutes les espèces vivantes passées et présentes. choses par des causes naturelles. Mais il aurait aimé, en même temps, réserver le nom de création à un processus naturel qu'il imaginait incompréhensible.

Dans une lettre adressée à Mantell (datée du 2 mars 1827), Lyell parle de venir lire Lamarck ; Il exprime sa satisfaction devant les théories de Lamarck et son affranchissement personnel de toute objection fondée sur des bases théologiques. Et bien qu'il soit visiblement alarmé par l' origine pithécoïde de l'homme impliquée dans la doctrine de Lamarck, il observe :

"Mais après tout, quels changements les espèces peuvent réellement subir ! Comme il sera impossible de distinguer et d'établir une ligne au-delà de laquelle certaines des espèces dites éteintes ne sont jamais passées dans des espèces récentes."

Encore une fois, le passage remarquable suivant apparaît dans le post-scriptum d'une lettre adressée à Sir John Herschel en 1836 :

"En ce qui concerne l'origine des espèces nouvelles, je suis très heureux de constater que vous pensez qu'il est probable qu'elle puisse se produire par l'intervention de causes intermédiaires. J'ai plutôt laissé cela à déduire, ne pensant pas qu'il vaille la peine d' offenser un "Certaines catégories de personnes en incarnant dans des mots ce qui ne serait qu'une spéculation." (Dans le même sens, voir la lettre à Whewell, 7 mars 1837, volume ii., page 5 : -

"En ce qui concerne ce dernier sujet [les changements d'un ensemble d'espèces animales et végétales à un autre]... vous vous souvenez de ce que Herschel m'a dit dans sa lettre. Si j'avais exposé aussi clairement qu'il l'a fait la possibilité d'introduire ou l'origine d'espèces fraîches étant un processus naturel, contrairement à un processus miraculeux, j'aurais soulevé contre moi une foule de préjugés, qui s'opposent malheureusement à chaque pas à tout philosophe qui tente de s'adresser au public sur ces sujets mystérieux. Voir aussi lettre à Sedgwick, 12 janvier 1838 ii. page 35.) Il continue en se référant aux critiques qui ont été dirigées contre lui au motif qu'en laissant les espèces naître par miracle, il est incompatible avec sa propre doctrine de l'uniformitarisme ; et il laisse entendre qu'il n'a pas répondu, en raison de son objection générale à la controverse.

Les contemporains de Lyell n'étaient pas sans avoir une idée de sa doctrine ésotérique. L'« Histoire des sciences inductives » de Whewell, quelle que soit sa valeur philosophique, vaut toujours la peine d'être lue et est toujours intéressante, ne serait-ce que sous son autre aspect que celui d'une preuve des limites spéculatives dans lesquelles une puissance divine hautement placée, à cette époque, pouvait en toute sécurité portée à volonté. Au cours de sa discussion sur l'uniformitarisme, le Maître encyclopédique de la Trinité observe : -

"M. Lyell a effectivement parlé d' une hypothèse selon laquelle "la création successive d'espèces peut constituer une partie régulière de l'économie de la nature", mais il n'a nulle part, je pense, décrit ce processus de manière à le faire apparaître dans quelle Département des sciences, nous devons poser l'hypothèse. Ces nouvelles espèces sont-elles créées par la production, à de longs intervalles, d'une progéniture d'espèce différente de celle des parents ? Ou les espèces ainsi créées sont-elles produites sans parents ? Sont-elles progressivement développées à partir d'un embryon quelconque ? substance ? Ou bien partent-ils tout d'un coup de terre, comme dans la création du poète ?...

"Une certaine sélection de l'une de ces formes d'hypothèse, plutôt que des autres, avec des preuves de cette sélection, est nécessaire pour nous permettre de la placer parmi les causes connues du changement, que nous examinons dans ce chapitre. La simple conviction que une création d'espèces a eu lieu, que ce soit une ou plusieurs fois, tant qu'elle n'est pas liée à nos sciences organiques , c'est un principe de théologie naturelle plutôt que de philosophie physique. (« Histoire » de Whewell, volume iii. pages 639-640 (édition 2, 1847.))

La première partie de cette critique paraît parfaitement juste et appropriée ; mais, d'après le paragraphe final, Whewell imagine évidemment que par « création » Lyell entend une intervention surnaturelle de la Divinité ; alors que la lettre à Herschel montre que, dans son propre esprit, Lyell parlait de causalité naturelle ; et je ne vois aucune raison d'en douter (Les passages suivants dans les lettres de Lyell me paraissent décisifs sur ce point : -

À Darwin, 3 octobre 1859 (ii, 325), lors de la première lecture de « l'Origine ».

"J'ai vu depuis longtemps très clairement que si une concession est faite, tout ce que vous prétendez dans vos dernières pages suivra.

" C'est ce qui m'a fait hésiter si longtemps, sentant toujours que le cas de l'homme et de ses races, et des autres animaux, et celui des plantes, est un seul et même, et que si une vera causa était admise un instant , [au lieu] d'un mot purement inconnu et imaginaire, comme le mot « création », toutes les conséquences doivent suivre. »

À Darwin, le 15 mars 1863 (volume ii, page 365).

« Je me souviens que c'est la conclusion à laquelle il [Lamarck] était parvenu à propos de l'homme qui m'a fortifié il y a trente ans contre la grande impression que ses arguments produisaient d'abord sur mon esprit, d'autant plus grande que Constant Prévost, élève de Cuvier il y a quarante ans , m'a fait part de sa conviction 'que Cuvier pensait que les espèces n'étaient pas réelles, mais que la science ne pouvait pas progresser sans supposer qu'elles l'étaient.'"

À Hooker, 9 mars 1863 (volume ii, page 361), en référence aux sentiments de Darwin à propos de « l'Antiquité de l'homme ».

"Il [Darwin] semble très déçu que je n'aille pas plus loin avec lui, ou que je ne parle pas davantage. Je peux seulement dire que j'ai parlé dans toute l'étendue de mes convictions actuelles, et même au-delà de mon état de SENTIMENT en tant que à la descendance ininterrompue de l'homme depuis les brutes, et je constate que je convertis à moitié bon nombre de ceux qui étaient en armes contre Darwin, et qui sont encore maintenant contre

Huxley. Il dit avoir dû abandonner « des idées anciennes et longtemps chéries, qui faisaient pour moi le charme de la partie théorique de la science à mes débuts, lorsque je croyais avec Pascal à la théorie, comme la qualifie Hallam, de « la archange ruiné.'"

Voir le même sentiment dans la lettre à Darwin, 11 mars 1863, page 363 : -

"Je pense que l'ancienne "création" est presque aussi nécessaire que jamais, mais bien sûr elle prend une nouvelle forme si les vues de Lamarck améliorées par les vôtres sont adoptées.") que, si Sir Charles avait pu éviter l'inévitable corollaire de l' origine pithécoïde de l'homme - pour lequel, jusqu'à la fin de sa vie, il nourrit une profonde antipathie - il aurait préconisé l'efficacité des causes actuellement à l'œuvre pour parvenir à la condition du monde organique, aussi vigoureusement qu'il défendit cette doctrine en référence à nature inorganique.

Le fait est qu'un œil perspicace aurait pu voir qu'une forme ou une autre de la doctrine de la transmutation était inévitable, à partir du moment où la vérité énoncée par William Smith selon laquelle les strates successives sont caractérisées par différentes sortes de restes fossiles, est devenue une vérité fermement établie . Loi de la nature. Personne n'a mieux exposé les conséquences spéculatives de cette généralisation que l'historien des « sciences inductives » :

"Mais l'étude de la géologie nous ouvre le spectacle de nombreux groupes d'espèces qui se sont succédés, au cours de l'histoire de la Terre, à de longs intervalles de temps ; un ensemble d'animaux et de plantes disparaissant, semble-t-il, de la face de notre planète, et d'autres, qui n'existaient pas auparavant, devenant les seuls occupants du globe. Et le dilemme se présente alors à nous de nouveau : - ou bien il faut accepter la doctrine de la transmutation des espèces, et supposer que les espèces organisées d'une époque géologique ont été transmuées en celles d'une autre par quelque action prolongée de causes naturelles ; ou bien, nous devons croire à de nombreux actes successifs de création et d'extinction d'espèces, hors du cours commun de la nature ; actes qui , par conséquent, nous pouvons à juste titre qualifier de miraculeux. " (« Histoire des sciences inductives » de Whewell. Édition ii., 1847, volume iii. pages 624-625. Voir le verdict de l'auteur, pages 638-39.)

Dr. Whewell se prononce en faveur de cette dernière conclusion. Et si quelqu'un lui avait posé les quatre questions qu'il pose à Lyell dans le passage déjà cité, tout ce que l'on peut dire maintenant, c'est qu'il aurait certainement rejeté la première. Mais aurait-il vraiment eu le courage de dire qu'un Rhinoceros tichorhinus , par exemple, « a été produit sans parents » ; ou a été "évolué à partir d'une substance embryonnaire" ; ou qu'il est soudainement parti du sol comme le lion de Milton « piaffant pour libérer ses parties postérieures ». Je me permets de douter que même le courage éprouvé du Maître de la Trinité – physique, intellectuel et moral – aurait été à la hauteur de cet exploit. Il ne fait aucun doute que la soudaine fusion d'une demi-tonne de molécules inorganiques dans un rhinocéros vivant est concevable et, par conséquent, possible. Mais un tel événement se situe-t-il suffisamment dans les limites de la probabilité pour justifier la croyance en sa survenance sur la base de toute preuve atteignable, voire imaginable ?

Au vu de l'affirmation (souvent répétée dans les premiers temps de l'opposition à Darwin) selon laquelle celui-ci n'avait rien ajouté à Lamarck, il est très intéressant de constater que la possibilité d'une cinquième alternative, en plus des quatre qu'il a évoquées, a été n'est pas venu à l'esprit du Dr. Whewell. La suggestion selon laquelle de nouvelles espèces pourraient résulter de l'action sélective de conditions extérieures sur les variations par rapport à leur type spécifique que présentent les individus – et que nous appelons « spontanées », parce que nous en ignorons la cause – est tout aussi totalement inconnue de l'esprit de Whewell. historien des idées scientifiques comme il l'était pour les biologistes avant 1858. Mais cette suggestion est l'idée centrale de « l'Origine des espèces » et contient la quintessence du darwinisme.

Ainsi, en regardant en arrière, il me semble que ma propre position d'attente critique était juste et raisonnable et qu'elle a dû être adoptée, pour les mêmes raisons, par de nombreuses autres personnes. Si Agassiz me disait que les formes de vie qui avaient successivement occupé le globe étaient les incarnations de pensées successives de la Divinité ; et qu'il avait anéanti un ensemble de ces incarnations par une épouvantable catastrophe géologique dès que ses idées avaient pris une forme plus avancée, je me suis trouvé non seulement incapable d'admettre l'exactitude des déductions des faits de la paléontologie, sur lesquelles cet étonnant L'hypothèse était fondée, mais je dus avouer que je n'avais aucun moyen de vérifier l'exactitude de son explication. Et à part ça, je ne voyais en aucun cas ce que l'explication expliquait. Cela ne m'a pas non plus aidé d'entendre un éminent anatomiste dire que les espèces s'étaient succédées dans le temps, en vertu d'une « loi créatrice continuellement opérante ». Cela me semblait n'être rien d'autre que dire que les espèces s'étaient succédées, sous la forme d'une résolution accrocheuse, avec « loi » pour plaire à l'homme de science, et « créatrice » pour dessiner l'orthodoxie. Je me suis donc réfugié dans cette « sorte de scepticisme » que Goethe a si bien défini ; et, renversant le précepte apostolique d'être tout à tous les hommes, je défendais habituellement la tenue des doctrines reçues, lorsque j'avais affaire aux transmutationnistes ; et a défendu la possibilité d'une transmutation parmi les orthodoxes – augmentant ainsi sans aucun doute une réputation déjà courante, mais tout à fait imméritée, de combativité inutile.

Je me souviens, au cours de mon premier entretien avec M. Darwin, avoir exprimé ma croyance dans la netteté des lignes de démarcation entre les groupes naturels et dans l'absence de formes de transition, avec toute la confiance de la jeunesse et d'un savoir imparfait. Je ne savais pas, à l'époque, qu'il réfléchissait depuis de nombreuses années à la question des espèces ; et le sourire humoristique qui accompagnait sa réponse douce, que telle n'était pas tout à fait son point de vue, m'a longtemps hanté et intrigué. Mais il semblerait que quatre ou cinq années de travail acharné m'aient permis de comprendre ce que cela signifiait ; car Lyell (« Vie et lettres », volume ii. page 212.), écrivant à Sir Charles Bunbury (sous la date du 30 avril 1856), dit : —

"Lorsque Huxley, Hooker et Wollaston étaient chez Darwin la semaine dernière, ils (tous les quatre) se sont battus contre les espèces - plus loin, je crois, qu'ils ne sont prêts à aller."

Je ne me souviens de rien de tout cela, hormis le fait d'avoir rencontré M. Wollaston ; et sans l'assurance distincte de Sir Charles quant à « tous les quatre », j'aurais pensé que mon « accompagnement » était probablement une contre-attaque au conservatisme de Wollaston. Quant à Hooker, il était déjà, comme Habbakuk de Voltaire , « capable du tout » dans la manière de prôner l'évolution.

Comme je l'ai déjà dit, j'imagine que la plupart de ceux de mes contemporains qui ont réfléchi sérieusement à la question étaient tout à fait dans mon état d'esprit – enclins à dire aux mosaïstes et aux évolutionnistes : « un fléau sur vos deux maisons ! et disposé à se détourner d'une discussion interminable et apparemment stérile, pour travailler dans les champs fertiles des faits vérifiables. Et je peux donc supposer en outre que la publication des articles de Darwin et Wallace en 1858, et plus encore celle de « L'Origine » en 1859, ont eu sur eux l'effet d'un éclair de lumière qui, pour un homme qui a perdu lui-même, dans une nuit sombre, révèle soudain un chemin qui, qu'il le mène directement chez lui ou non, va certainement dans son sens. Ce que nous cherchions, et que nous ne pouvions pas trouver, c'était une hypothèse concernant l'origine des formes organiques connues, qui supposait l'action d'autres causes que celles dont on pouvait prouver qu'elles étaient réellement à l'œuvre. Nous voulions non pas nous fier à cette spéculation ou à toute autre spéculation, mais nous procurer des conceptions claires et précises qui pourraient être confrontées aux faits et dont la validité pourrait être testée. L'« Origine » nous a fourni l'hypothèse de travail que nous recherchions. En outre, cela nous a rendu un immense service en nous libérant à jamais du dilemme : refuser d' accepter l'hypothèse de la création, et qu'avez-vous à proposer qui puisse être accepté par tout raisonneur prudent ? En 1857, je n'avais aucune réponse prête, et je pense que personne d'autre ne l'avait. Un an plus tard, nous nous reprochions d'être ennuyés par une telle enquête. Ma réflexion, lorsque je me suis rendu maître pour la première fois de l'idée centrale de « l'Origine », a été : « Comme c'est extrêmement stupide de ne pas y avoir pensé ! Je suppose que les compagnons de Colomb ont dit à peu près la même chose lorsqu'il a fait dresser l'œuf. Les faits de variabilité, de lutte pour l'existence, d'adaptation aux conditions étaient assez notoires ; mais aucun d'entre nous n'avait soupçonné que le chemin menant au cœur du problème des espèces passait par eux, jusqu'à ce que Darwin et Wallace dissipent les ténèbres et que le feu phare de « l'Origine » guide les ignorants.

Que la forme particulière que la doctrine de l'évolution, appliquée au monde organique, a prise entre les mains de Darwin, se révèle être définitive ou non, cela m'était une question indifférente. Dans mes premières critiques de « l'Origine », j'ai osé souligner que son fondement logique était incertain tant que les expériences de sélection sélective n'avaient pas produit des variétés plus ou moins stériles ; et cette insécurité demeure jusqu'à présent. Mais, malgré tous les doutes critiques que mon ingéniosité sceptique pouvait suggérer, l'hypothèse darwinienne restait incomparablement plus probable que l'hypothèse de la création. Et si aucun d'entre nous n'avait été capable de discerner la signification primordiale de certains des faits naturels les plus évidents et les plus notoires, jusqu'à ce qu'ils nous soient pour ainsi dire mis sous le nez, quelle force restait dans le dilemme : la création ou rien ? Il était évident que, désormais, la probabilité serait infiniment plus grande que les liens de causalité naturelle soient cachés à nos yeux aveugles, que que la causalité naturelle soit incapable de produire tous les phénomènes de la nature. La seule voie rationnelle pour ceux qui n'avaient d'autre objectif que d'atteindre la vérité était d'accepter le « darwinisme » comme hypothèse de travail et de voir ce qu'on pouvait en faire. Soit il prouverait sa capacité à élucider les faits de la vie organique, soit il s'effondrerait sous la pression. C'était sûrement là une réponse du bon sens ; et, pour une fois, le bon sens l'a emporté. Le résultat a été cette volte-face complète du monde scientifique tout entier, qui doit paraître si surprenante à la génération actuelle. Je ne veux pas dire que tous les dirigeants de la science biologique se sont reconnus darwiniens ; mais je ne pense pas qu'il y ait un seul zoologiste, ou botaniste, ou paléontologue , parmi la multitude de travailleurs actifs de cette génération, qui soit autre qu'un évolutionniste, profondément influencé par les vues de Darwin. Quel que soit le sort ultime de la théorie particulière avancée par Darwin, j'ose affirmer que, autant que je sache, toute l'ingéniosité et tout le savoir des critiques hostiles ne leur ont pas permis d'apporter un fait unique, dont on peut dire que cela est inconciliable avec la théorie darwinienne. Dans la prodigieuse variété et complexité de la nature organique, il existe une multitude de phénomènes qui ne peuvent être déduits des généralisations auxquelles nous sommes parvenus jusqu'à présent. Mais on peut en dire autant de toutes les autres classes d'objets naturels. Je crois que les astronomes ne peuvent pas encore faire correspondre parfaitement les mouvements de la Lune avec la théorie de la gravité.

Il serait inapproprié, même si cela était possible, de discuter des difficultés et des problèmes non résolus auxquels l'évolutionniste a été confronté jusqu'à présent, et qui continueront probablement à l'intriguer pendant des générations à venir, au cours de cette brève histoire de la réception de M. .L'excellent travail de Darwin. Mais il y a deux ou trois objections d'un caractère plus général, fondées ou supposées fondées sur des fondements philosophiques et théologiques, qui ont été hautement exprimées dans les premiers jours de la controverse darwinienne et qui, bien qu'elles aient reçu des réponses à maintes reprises. encore et encore, surgissant de temps en temps jusqu'à nos jours.

La plus singulière de ces erreurs, peut-être immortelles, qui perdurent, à la manière de Tithon, lorsque le sens et la force les ont abandonnés depuis longtemps, est celle qui accuse M. Darwin d'avoir tenté de réintégrer la vieille déesse païenne, le Chance. On dit qu'il suppose que les variations se produisent « par hasard », et que les plus aptes survivent aux « chances » de la lutte pour l'existence, et que le « hasard » se substitue ainsi au dessein providentiel.

Il n'est pas étonnant qu'une telle accusation soit portée contre un écrivain qui a, à maintes reprises, averti ses lecteurs que lorsqu'il utilise le mot « spontané », il veut simplement dire qu'il ignore la cause de ce qu'on appelle ainsi; et dont toute la théorie s'effondre si l'on nie l'uniformité et la régularité de la causalité naturelle pour des âges passés illimités. Mais la meilleure réponse à ceux qui parlent du darwinisme comme du règne du « hasard » est probablement de leur demander ce qu'ils entendent eux-mêmes par « hasard » ? Croient-ils que quelque chose dans cet univers arrive sans raison ou sans cause ? Conçevent-ils vraiment qu'un événement n'a aucune cause et n'aurait pu être prédit par quiconque avait une connaissance suffisante de l'ordre de la nature ? S'ils le font, ce sont eux qui sont les héritiers de la superstition et de l'ignorance antiques, et dont l'esprit n'a jamais été éclairé par un rayon de pensée scientifique. Le seul acte de foi du converti à la science est la confession de l'universalité de l'ordre et de la validité absolue, en tout temps et en toutes circonstances, de la loi de causalité. Cette confession est un acte de foi, car, de par la nature du cas, la vérité de telles propositions n'est pas susceptible d'être prouvée. Mais une telle foi n'est pas aveugle, mais raisonnable ; parce qu'elle est invariablement confirmée par l'expérience et constitue le seul fondement fiable de toute action.

Si l'un de ces gens, chez qui survit si étrangement le culte fortuit de nos ancêtres les plus lointains, se trouve à la portée de la mer lorsque souffle un violent vent, qu'il se dirige vers le rivage et observe la scène. Qu'il remarque l'infinie variété de formes et de dimensions des vagues projetées sur la mer ; ou des courbes de leurs brisants à crête d'écume, alors qu'ils se précipitent contre les rochers ; qu'il écoute le rugissement et le cri des galets lorsqu'ils sont jetés et démolis sur la plage ; ou regardez les flocons d'écume qui se déplacent çà et là au gré du vent ; ou notez le jeu de couleurs , qui répond à une lueur de soleil lorsqu'elle tombe sur la myriade de bulles. Sûrement ici, ou ailleurs, il dira que le hasard est suprême et se mettra à genoux comme quelqu'un qui est entré dans la pénétration même de sa divinité. Mais l'homme de science sait qu'ici, comme partout, l'ordre parfait se manifeste ; qu'il n'y a pas une courbe des vagues, pas une note dans le chœur hurlant, pas un reflet d'arc-en-ciel sur une bulle, qui ne soit autre chose qu'une conséquence nécessaire des lois établies de la nature ; et qu'avec une connaissance suffisante des conditions, des compétences physico - mathématiques compétentes pourraient expliquer, et même prédire, chacun de ces événements « fortuits ».

Une deuxième objection très courante aux vues de M. Darwin était (et est toujours) qu'elles abolissent la téléologie et éviscèrent l'argument de la conception. Il y a près de vingt ans que j'ai osé faire quelques remarques à ce sujet, et comme mes arguments n'ont encore reçu aucune réfutation, j'espère pouvoir être excusé de les reproduire. J'ai observé « que la doctrine de l'évolution est l'adversaire le plus redoutable de toutes les formes les plus communes et les plus grossières de la téléologie. Mais peut-être le service le plus remarquable rendu à la philosophie de la biologie par M. Darwin est la réconciliation de la téléologie et de la morphologie, et la explication des faits des deux, qu'offrent ses vues. La téléologie qui suppose que l'œil, tel que nous le voyons chez l'homme, ou chez l'un des vertébrés supérieurs, a été créé avec la structure précise qu'il présente, dans le but de permettre L'animal qui possède le pouvoir de voir a sans aucun doute reçu son coup de grâce. Néanmoins, il est nécessaire de rappeler qu'il existe une téléologie plus large qui n'est pas touchée par la doctrine de l'évolution, mais qui est en réalité basée sur la proposition fondamentale de l'évolution. La proposition est que le monde entier, vivant et non vivant, est le résultat de l'interaction mutuelle, selon des lois définies, des forces (je voudrais maintenant substituer le mot « forces » au mot « forces ») que possèdent les molécules dont la nébulosité primitive de l'univers était composée. Si cela est vrai, il n'en est pas moins certain que le monde existant réside potentiellement dans la vapeur cosmique , et qu'une intelligence suffisante aurait pu, à partir de la connaissance des propriétés des molécules de cette vapeur , prédire, par exemple, l'état de la faune. de Grande-Bretagne en 1869, avec autant de certitude qu'on peut dire ce qui arrivera à la vapeur de l'haleine par une froide journée d'hiver...

... Les visions téléologique et mécanique de la nature ne s'excluent pas nécessairement mutuellement. Au contraire, plus le spéculateur est purement mécaniste, plus il assume fermement un arrangement primordial dont tous les phénomènes de l'univers sont les conséquences, et plus il est ainsi complètement moléculaire à la merci du téléologue, qui peut défiez-le toujours de réfuter que cet arrangement moléculaire primordial n'était pas destiné à faire évoluer les phénomènes de l'univers. » (La « Généalogie des animaux » (« L'Académie », 1869), réimprimée dans « Critiques et adresses ».)

Paley, l'ardent champion de la téléologie, n'a vu aucune difficulté à admettre que la « production des choses » puisse être le résultat d'un ensemble de dispositions mécaniques fixées à l'avance par une nomination intelligente et maintenues en action par un pouvoir central (« Théologie naturelle » , chapitre xxiii.), c'est-à-dire qu'il accepta de manière proleptique la doctrine moderne de l'évolution ; et ses successeurs feraient bien de suivre leur chef, ou du moins de prêter attention à ses lourds raisonnements, avant de se précipiter dans un antagonisme qui n'a aucun fondement raisonnable.

Une fois débarrassées de la croyance au hasard et de l'incrédulité dans le dessein, qui ne sont en aucun cas des appartenances de l'évolution, la troisième diffamation contre cette doctrine, selon laquelle elle est antithéiste, pourrait peut-être être laissée à elle-même. Mais la persistance avec laquelle beaucoup de gens refusent de tirer les conséquences les plus claires des propositions qu'ils prétendent accepter, incite à remarquer que la doctrine de l'évolution n'est ni antithéiste ni théiste. Cela n'a tout simplement pas plus à voir avec le théisme que le premier livre d'Euclide. Il est bien certain qu'un œuf normal fraîchement pondu ne contient ni coq ni poule ; et il est aussi certain que n'importe quelle proposition en physique ou en morale, que si un tel œuf est conservé dans des conditions appropriées pendant trois semaines, on y trouvera un coq ou une poule. Il est également tout à fait certain que si la coquille était transparente , nous pourrions observer la formation du jeune poulet, jour après jour, par un processus d'évolution, depuis un germe cellulaire microscopique jusqu'à sa pleine taille et sa complexité de structure. C'est pourquoi l'évolution, au sens le plus strict du terme, se produit réellement dans des millions et des millions de cas analogues, partout où existent des êtres vivants. Par conséquent, pour emprunter un argument à Butler, comme ce qui se produit maintenant doit être cohérent avec les attributs de la Divinité, si un tel Être existe, l'évolution doit être cohérente avec ces attributs. Et si tel est le cas, l'évolution de l'univers, qui n'est ni plus ni moins explicable que celle d'un poulet, doit aussi être cohérente avec eux. La doctrine de l'évolution n'entre donc même pas en contact avec le théisme, considéré comme une doctrine philosophique. Ce avec quoi il se heurte, et avec lequel il est absolument incompatible, est la conception de la création, que les spéculateurs théologiques ont fondée sur l'histoire racontée au début du livre de la Genèse.

On parle beaucoup et on se lamente beaucoup sur les soi-disant difficultés religieuses créées par la science physique. Dans la science théologique, en fait, elle n'en a créé aucune. Il n'existe pas aujourd'hui de problème unique qui n'existe pas depuis l'époque où les philosophes ont commencé à réfléchir aux fondements logiques et aux conséquences logiques du théisme. Toutes les perplexités réelles ou imaginaires qui découlent de la conception de l'univers comme mécanisme déterminé sont également impliquées dans l'hypothèse d'une Divinité éternelle, omnipotente et omnisciente. L'équivalent théologique de la conception scientifique de l'ordre est la Providence ; et la doctrine du déterminisme découle aussi sûrement des attributs de prescience assumés par le théologien que de l'universalité de la causalité naturelle assumée par l'homme de science. Les anges du Paradis Perdu n'auraient pas trouvé la tâche d'éclairer Adam sur les mystères du "Destin, de la Prescience et du Libre arbitre" pas du tout plus difficile, si leur élève avait été éduqué dans une "Realschule" et formé à chaque laboratoire d'une université moderne. En ce qui concerne les grands problèmes de philosophie, la génération post-darwinienne est, en un sens, exactement là où se trouvaient les générations pré -darwiniennes. Ils restent insolubles. Mais la génération actuelle a l'avantage d'être mieux dotée des moyens de s'affranchir de la tyrannie de certaines solutions factices.

Le connu est fini, l'inconnu est infini ; Intellectuellement, nous nous trouvions sur un îlot au milieu d'un océan illimité d'inexplicable. Notre affaire, à chaque génération, est de récupérer un peu plus de terre, d'ajouter quelque chose à l'étendue et à la solidité de nos possessions. Et même un rapide coup d'œil sur l'histoire des sciences biologiques au cours du dernier quart de siècle suffit à justifier l'affirmation selon laquelle l'instrument le plus puissant pour l'extension du domaine des connaissances naturelles qui soit tombé entre les mains des hommes, depuis la publication des « Principia » de Newton est « L'Origine des espèces » de Darwin.

Il a été mal accueilli par la génération à laquelle il s'adressait pour la première fois, et le déversement d'absurdités colériques auquel il a donné lieu est triste à penser. Mais la génération actuelle se comportera probablement tout aussi mal si un autre Darwin surgissait et lui infligeait ce que la majorité de l'humanité déteste le plus : la nécessité de réviser ses convictions. Qu'ils soient donc charitables envers nous, les anciens ; et s'ils ne se comportent pas mieux que les hommes de mon époque envers un nouveau bienfaiteur, qu'ils se souviennent qu'après tout, notre colère n'a pas été grande et s'est principalement exprimée dans le langage grossier de gronderies moralisatrices. Laissez-les effectuer rapidement une volte-face stratégique et suivez la vérité partout où elle mène. Les adversaires de la nouvelle vérité découvriront, comme le font ceux de Darwin, qu'après tout les théories ne modifient pas les faits et que l'univers reste inchangé même si les textes s'effondrent. Ou bien, il se peut que, à mesure que l'histoire se répète, leur heureuse ingéniosité découvrira également que le nouveau vin est exactement du même millésime que l'ancien, et que (vu à juste titre) les vieilles bouteilles s'avèrent avoir été expressément faites pour être conservées. il.

9 789359 251004